Hans Belde

Von Spielhagen zu Fontane. Ein Kapitel aus dem deutschen Weg in den Abgrund

Bibliografische Information der Deutschen Nationalbibliothek:

Die Deutsche Bibliothek verzeichnet diese Publikation in der Deutschen National-
bibliografie; detaillierte bibliografische Daten sind im Internet über http://dnb.d-
nb.de/ abrufbar.

Dieses Werk sowie alle darin enthaltenen einzelnen Beiträge und Abbildungen
sind urheberrechtlich geschützt. Jede Verwertung, die nicht ausdrücklich vom
Urheberrechtsschutz zugelassen ist, bedarf der vorherigen Zustimmung des Verla-
ges. Das gilt insbesondere für Vervielfältigungen, Bearbeitungen, Übersetzungen,
Mikroverfilmungen, Auswertungen durch Datenbanken und für die Einspeicherung
und Verarbeitung in elektronische Systeme. Alle Rechte, auch die des auszugsweisen
Nachdrucks, der fotomechanischen Wiedergabe (einschließlich Mikrokopie) sowie
der Auswertung durch Datenbanken oder ähnliche Einrichtungen, vorbehalten.

Impressum:

Copyright © 2018 GRIN Verlag
Druck und Bindung: Books on Demand GmbH, Norderstedt Germany
ISBN: 9783668768024

Dieses Buch bei GRIN:

https://www.grin.com/document/435170

Hans Belde

Von Spielhagen zu Fontane. Ein Kapitel aus dem deutschen Weg in den Abgrund

GRIN Verlag

GRIN - Your knowledge has value

Der GRIN Verlag publiziert seit 1998 wissenschaftliche Arbeiten von Studenten, Hochschullehrern und anderen Akademikern als eBook und gedrucktes Buch. Die Verlagswebsite www.grin.com ist die ideale Plattform zur Veröffentlichung von Hausarbeiten, Abschlussarbeiten, wissenschaftlichen Aufsätzen, Dissertationen und Fachbüchern.

Besuchen Sie uns im Internet:

http://www.grin.com/

http://www.facebook.com/grincom

http://www.twitter.com/grin_com

Inhalt

Von Spielhagen zu Fontane.
Ein Kapitel aus dem deutschen Weg in den Abgrund.

Ich bin mit der Gewissheit aufgewachsen, dass Theodor Fontane der größte deutsche Romanautor der zweiten Hälfte des 19. Jahrhunderts ist. Ich habe ihn immer wieder mit großer Freude gelesen. In diesen Genuss mischte sich mitunter ein schlechtes Gewissen, etwa wie, wenn man etwas isst, von dem man weiß, dass zu viel davon ungesund ist. Die drei Bände von Fontanes Ehebriefwechsel habe ich tausendmal im Schaufenster begehrlich betrachtet. Ich kaufte sie nicht, weil ich nicht noch mehr von dem süßen Zeug haben wollte. Als Claudia sie mir schenkte und ich nach ihrer Lektüre ein weiteres Mal die acht Bände Fontane las, war ich verwirrter als je zuvor.

In meiner schönen, achtbändigen Ausgabe von Fontanes Romanen (die ich mir 1985 von meinen ersten selbstverdienten Geld für 66 Mark der DDR im Centrum-Warenhaus am Ostbahnhof kaufte) erzählt der Herausgeber Gotthard Erler, dass die von Fontane in *Effi Briest* gestaltete Ardenne-Affäre auch Spielhagens *Zum Zeitvertreib* zugrunde liegt und zitiert den Briefwechsel von Fontane und Spielhagen. In der Sammlung *vor 33 – nach 45* von Klemperer-Aufsätzen fand ich eine Besprechung von Erich Auerbachs im Exil in Istanbul entstandener Literaturgeschichte *Mimesis*. Auerbach beklagt das Fehlen einer realistischen Literatur in Deutschland: „In den Jahrzehnten um die Reichsgründung zeigt sich in der zeitgenössischen Realistik nichts eigentümlich Neues; immerhin bildete sich so etwas wie ein moderner Sittenroman, dessen damals und noch bis in die neunziger Jahre beliebtester Vertreter der heut ganz vergessene Friedrich Spielhagen war." (S. 480) „Nur bei dem schon bejahrten Fontane (…) zeigen sich Ansätze zu echter Zeitrealistik. Aber sie kommen nicht zu voller Entfaltung, weil sein Ton doch nicht über den halben Ernst eines liebenswürdigen, teils optimistischen, teils resignierten Geplauders hinausgeht." (S. 482) Victor Klemperer schrieb seine Doktorarbeit über Spielhagen. Ich bestellte *Zum Zeitvertreib*.

Spielhagen

Als erstes fällt auf, dass Spielhagen auf Anführungszeichen verzichtet. Die wörtliche Rede verkürzt sich mitunter zu dem was die betreffende Person sagen *wollte* und weitet sich manchmal zu einem inneren Monolog. Es ist keine Marotte, sondern ein vom Autor besonders an seinen Romananfängen virtuos benutztes Stilmittel. Aber das merkte ich erst später.

Zum Zeitvertreib ist der denkbar schlechteste Einstieg in die Spielhagenlektüre. Wer ein Stück Kirschkuchen mit Schlagsahne erwartet, dem wird ein gesundes Vollkornbrot nicht munden! Ein Nebenwerk neben dem am meisten gefeierten Buch Fontanes! Immerhin konnte ich das Buch stundenweise nicht aus der Hand legen. Ich habe gelernt, dass der Held nicht sympathisch sein muss. Es reicht, dass man sehen will, wie er mit seinen Schwierigkeiten kämpft. Fontane rühmt (in dem Brief an Spielhagen vom 25. 8. 96) als „das Lebendigste jene wundervolle Souperszene in Charlottenburg". Ich erinnere mich an das Treffen des ehebrecherischen Paares in einem schäbigen leeren Lokal unter den frechen Blicken des alles erratenden Kellners... *Zum Zeitvertreib* wird viele interessierte Leser von einer weiteren Spielhagenlektüre eher abgehalten haben.

Aber ich gebe so leicht nicht auf. 1965 erschien im Ostberliner Buchverlag Der Morgen Spielhagens *Problematische Naturen*, mit einem Nachwort von Therese Erler. (Es ist, soviel ich weiß, die einzige moderne Ausgabe eines Spielhagenbuches vor den lieblos eingescannten Print-on-Demand-Books.) Ich fand die Ausgabe in einem Antiquariat.

Mit *Problematische Naturen* wurde der 1829 geborene Friedrich Spielhagen (zehn Jahre jünger als Fontane) 1862 auf einen Schlag berühmt. Viele Kinder wurden nach den Helden des – in meiner Ausgabe – über tausend Seiten starken Romans Oswald und Melitta genannt. Ich will hier keine Inhaltsangabe machen und die komplizierten Intrigen nachverfolgen. Oswald Stein kommt 1847 als Hauslehrer auf ein Rügensches Gut. Er ist schön, klug, gebildet und ein Meisterschütze; nicht nur die außergewöhnliche Melitta von Berkow verliebt sich in ihn. Er scheitert, nicht an seiner Eifersucht auf Melittas byronesken Jugendfreund Oldenburg, sondern an der Zeit. Am Ende kämpfen Stein und Oldenburg Seite an Seite auf einer Berliner Barrikade.

Spielhagen war 1852 Hauslehrer in Pustow, südwestlich von Greifswald. An der Revolution von 1848 hatte sich Spielhagen, damals Student in Bonn, nicht beteiligt. Die gescheiterte Revolution ist das Zentrum von Spielhagens Werk. Aber sie ist nicht 1848 oder 1849 gescheitert. Sie stand noch so lange auf der Tagesordnung, bis Bismarck seine „Revolution" von oben machte und die nationale Frage auf seine Weise löste.

In Spielhagens letzten Roman *Freigeboren* aus dem Jahr 1900 sucht die Ich-Erzählerin Antoinette Liebe und zugleich einen Lebenssinn und steht insofern für den Autor selbst. Zuerst zieht sie zu ihrem Lehrer, der für die Ideale der Goethezeit steht, dann als Gesellschafterin in eine reiche jüdische Familie. Der Mann liebt seine kluge, sich um gesellschaftliche Konventionen nicht scherende Frau abgöttisch. Antoinette heiratet einen Sohn der Familie, der in Berlin zugleich mit dem Aufbau eines eigenen Geschäfts eine politische Karriere verfolgt. In ihrem Haus treffen sich die liberalen Größen der Zeit, sie lernt Lassalle kennen, der sie mit seiner Eitelkeit enttäuscht. Schließlich findet sie einen Mann, den sie glaubt lieben zu können, einen preußischen Offizier, der sich bei Königgrätz auszeichnete – und bei Gravelotte fällt. Später zweifelt Antoinette, dass sie tatsächlich mit ihm glücklich geworden wäre. Ihr Ehemann wird von seiner Partei beiseitegeschoben, er betreibt die Politik nur noch für das Geschäft und braucht seine aus altadligem Haus stammende Frau nicht mehr. Nach einem schweren Sturz verlässt sie bis zu ihrem Tod nicht mehr ihr Zimmer.

Spielhagen im Kaiserreich

Spielhagen hat nach 1871 sein Zimmer verlassen und sich mit den Entwicklungen im Deutschen Kaiserreich auseinandergesetzt. Auf die Romane, die er davor schrieb, werde ich nicht weiter eingehen. Von Spielhagens Darstellung der Entwicklungen im Kaiserreich habe ich oben schon Wichtiges berührt: Der jüdische Liberale in *Freigeboren* wird von seinen Parteifreunden beiseite geschoben. Das Schicksal von Eduard Lasker oder Ludwig Bamberger!
In *Sturmflut* (1877) schildert Friedrich Spielhagen, wie sich die Junker, Militärs und Ministerialbeamte, erregt durch die Flut der französischen Reparationszahlungen, in heillose Spekulationen um den Bau einer Eisenbahn stürzen, die nur durch einen sinnlosen Kriegshafen einen Scheinzweck bekommt. Nach einer Rede Laskers fliegt der Schwindel auf. Hier durchbricht die Wirklichkeit die Fiktion, Lasker enthüllte im Februar 1873 in einer dreistündigen Rede vor dem preußischen Landtag dubiose Absprachen bei der Gründung der Pommerschen Centralbahn.
An dieser Stelle muss ich zitieren, was Franz Mehring anlässlich Spielhagens achtzigsten Geburtstag in der *Neuen Zeit* schrieb: „*Sturmflut* war Spielhagens letzter Versuch, ein Zeitbild zu gestalten, und bei aller Gutgläubigkeit gelang er ihm auch nur als Trugbild; der Dichter sah die kapitalistischen Sünden der Gründerzeit nur in dem

verzerrenden Spiegel von Laskers Tugendboldigkeit. Gleich nach dem Erscheinen des Romans ließ sich dann die Bourgeoisie, die ihre politischen Ideale längst in den Schornstein geschrieben hatte, auch wirtschaftlich vom Junkertum ins Schlepptau nehmen, und seitdem hat Spielhagen nur Unterhaltungsliteratur geschrieben (…). Spielhagen hat nicht die Götter seiner Jugend, sondern sie haben ihn verlassen." Mehring störte sich wenig an dem Schwindel, da er ohnehin die Kapitalisten mögliche Ehrlichkeit für begrenzt hielt. Die Empörung über den Gründerschwindel bremste die wirtschaftliche Entwicklung, lenkte sie in eine andere Richtung und trug dazu bei, dass Deutschland lange einen halbfeudalen Charakter behielt und die mittelalterliche Sonderstellung der Juden in der Geldwirtschaft konservierte. Die Bourgeoisie ließ sich „wirtschaftlich ins Schlepptau nehmen", indem sie sich den Forderungen der Grundbesitzer nach Schutzzöllen anschloss. – Spielhagen hat es nicht erklärt. Aber er hat es gestaltet. (Das Spielhagen nach *Sturmflut* nur noch Unterhaltungsliteratur schrieb, ist, wie schon *Freigeboren* zeigt, falsch.)

Einige atemberaubende Stellen:

Der Held in *Sturmflut*, ein Kapitän, und sein Onkel, ein alter Achtundvierziger, diskutieren: „Weißt du Onkel, es ist mit der deutschen Einheit wie mit anderen Dingen auch. In Gedanken waren schon viele westwärts nach Ostindien gefahren; in Wirklichkeit tat es nur einer, und der entdeckte – Amerika. / Mir deucht, sagte Onkel Ernst grollend, – der es entdeckte, hieß Kolumbus, und er soll zum Dank dafür in den Kerker geworfen und im Elend gestorben sein. Der hinterherkam und den Ruhm in die Tasche steckte, und nach dem der Erdteil getauft ist, war ein armseliger Schächer, nicht wert, jenem die Schuhriemen zu lösen. / Nun wahrhaftig! rief Reinhold, wider Willen lachend – ich glaube, Onkel, so würde auf dem ganzen Erdenrund kein anderer über Bismarck sprechen. / Wohl möglich! – ich glaube auch nicht, dass auf dem ganzen Erdenrund ein anderer den Mann so hasst wie ich." (Kap. II, 3) – Aber derselbe Onkel entlässt am nächsten Morgen ein paar Arbeiter, weil sie in einem sozialistischen Verein sind! „Wer hat euch gezwungen, zu unterschreiben? / Der Hunger! schrie eine raue Stimme. / Du lügst, Karl Peters! rief Onkel Ernst – und wenn du Hunger gelitten, so war es, weil Du ein Säufer bist und das Geld, das deiner Frau und den Kindern gehört, in die Branntweinkneipe trägst. / Wir sind alle Sozialisten, wie wir hier stehen! schrie eine andere Stimme aus dem Haufen. / So habt ihr alle gelogen und betrogen! (…). Onkel Ernst wandte sich an

Reinhold: Da hast du eine Probe von der herrlichen preußischen Disziplin, die dir im Kriege so imponiert hat; da hast du ein Stück von der neusten deutschen Treue und Redlichkeit, wie sie sie in Bismarcks Schule gelernt haben! / Aber Onkel, verzeih, was hat mit diesem allen Bismarck zu tun? / Was der damit zu tun hat? Wer ist es gewesen, der das Wort gesprochen, dass Macht vor Recht geht? (…) Wer hat unser gutes ehrliches Volk gelehrt, wie man mit denen, die sie zu ihren Vertretern bestellt haben, in ewigem Konflikt lebt und über die Köpfe dieser ihrer Vertreter weg nach seinen Zielen greift? wie man sich eine Armee schafft und eine gefügige Partei, die zu allem Ja und Amen sagt, und was man sonst noch braucht, um diese Ziele sicher zu erreichen? Hast du es nicht gehört, das Wort von den Arbeiterbataillonen? Sie sind schon längst kein toller Traum mehr eines hirnverbrannten Schwärmers. Sie sind eine Wirklichkeit, die drohend wächst wie eine Lawine und sich früher oder später vernichtend über uns alle wälzen wird. Wer kann es ihnen verdenken? Macht geht ja vor Recht! Und so ist die Revolution in Permanenz erklärt, und der Krieg aller gegen alle. Heute hat er gesiegt, glaubt er gesiegt zu haben, und brüstet sich mit seinem Siege und mit der Kaiserkrone, die er für seinen Herrn erobert und von dem Sims nahm, wo sie ein anderer hinlegte, der sie nicht aus den Händen des Volkes nehmen wollte! Aus den Händen des Volkes von damals! – eines so guten, so treuen, so gläubigen Volkes, dessen heiliger Traum eben diese Krone war! Frage die, ob sie noch glauben! frage die, wie sie über die Krone von Gottes Gnaden denken! frage die, wovon sie träumen!" (II, 7) Wieviel steckt in dieser einzigen Stelle! Dass eine soziale Revolution nicht nötig ist; die Menschen, Oben und Unten, müssen nur anständig sein; und dass sie *doch* nötig ist, weil sie es nicht sind… — „Der Professor starrte auf die Depesche, die ich ihm zu zurück-gegeben; der schöne Knabe, der seinen Atem wieder gewonnen und mir die Sympathie mit seiner Aufregung an den Augen abgesehen haben mochte, redete eifrig auf mich ein: Du, was ist das, wenn sich der König auf das Schlachtfeld begibt? da kriegen die schlechten Franzosen wohl noch eine Extra-Strafe? da müssen sie wohl alle über den König seine Klinge springen? Weißt Du, das ist gar nichts Lustiges: über die Klinge springen? nicht wahr, Papa? Das heißt so viel als: Kopf ab! Das ist recht: alle müssen sie geköpft werden, die schlechten Franzosen! / Er war davongehüpft zwischen die Beete hinter einem weißen Schmetterling her; der Professor lächelte melancholisch: Mit solchen wüsten Bildern wird nun die jugendliche Phantasie erfüllt! die falschen Vorstellungen berichtigen sich wohl mit der Zeit, aber der Eindruck bleibt. Diese Generation, wenn sie herangewachsen, wird es mit dem Menschenleben so genau nicht nehmen." (*Was will das werden?*, 1886, Kap. IV, 3) — *Uhlenhans* (1883) habe ich mir nicht ausgesucht, es stand im Antiquariat neben anderen Spielhagen- Bänden und ich nahm es mit. (Zum Inhalt: Gustav, der missratene Bruder, kommt 1835 nach drei Jahren nach Rügen zurück und bringt eine schöne Griechin mit, die er als seine Frau und Tochter des griechischen Freiheitshelden und Fürsten Theodoros Kolokotronis ausgibt.) Auch hier fand ich eine wertvolle Stelle: „Die Rasse ist von Haus aus nicht so schlecht, Gustav, sie ist nur allmählich so heruntergekommen, und daran haben auch wir unseren Teil beigetragen. / Nun wird es immer besser! rief Gustav lachend. Jetzt sollen wohl Du und ich daran schuld sein, dass der Alte ein Saufaus ist und die rote Hanne – na, Du scheinst das ja besser zu wissen. / So meinte ich das nicht (…) Wenn ich ›wir‹ sagte, meinte ich wir vom Adel. Auch die Prohns haben sich bei dem Bauernlegen beteiligt, das die Prebrows zu dem gemacht hat, was sie heute sind – sie und viele Hunderte von andern, deren Nachkommen als elende Kathenleute oder Knechte und Mägde bei den Nachkommen eben der Edelleute dienen, neben deren Vorfahren ihre Vorfahren als freie Bauern, bei den Feld- und Gardgerichten saßen, ja, in deren Geschlechter ihre Söhne und Töchter oft genug hineinheirateten. / Du bist ja inzwischen ein richtiger Gelehrter geworden. / Was soll man anfangen, wenn man die langen Winterabende so einsam sitzt. Da gerät man denn an alte Schmöker wie ›der Rügensche Landgebrauch‹, welchen ein Herr von Normann, der auf Tribbevitz wohnte, im sechzehnten Jahrhundert verfasste, und worin er all diese Verhältnisse, wie sie früher bei uns waren, ausführlich schildert. Da habe ich meine meiste Weisheit her. Ich habe mich aber auch sonst, als ich das Gut übernahm (…), in den alten Büchern und Akten weiter umgesehen, und wie es dann später allmählich alles so geworden ist. Bis zum dreißigjährigen Kriege ist es noch ganz leidlich zugegangen; dann aber hat das Elend angefangen und die Willkür und die Plackerei sind schlimmer geworden drüben in Pommern und bei uns hier auf Rügen, wo die Schweden ja nun regierten und sich an die alten Gesetze, Herkommen und Rechte nicht viel kehrten, auch wohl nichts davon verstanden und das Oberste zu unterst wendeten, wobei ihnen leider der einheimische Adel und nicht minder die großen Herren aus den Städten, die über die Kloster- und Kirchengüter das Regiment hatten, nur zu willig geholfen haben. Da fing denn das Bauernlegen an, das heißt, die Dörfer, soweit noch welche da waren, wurden in Pacht- und Rittergüter verwandelt, indem man die Bauern eben zu Hintersassen machte oder zu Kathenleuten, wie wir jetzt sagen, oder sie einfach austrieb ins nackte Elend. Das hat denn im vorigen Jahrhundert zu richtigen Bauernaufständen geführt, in welchen sich die armen Leute Luft machen wollten, um freilich noch tiefer ins Elend zu geraten. Und auch wohl zu einzelnen schrecklichen Rachetaten an bösen Herren, die man im Walde totschoss oder in ihren Häusern überfiel und unter Betten erstickte. Mir ist sogar aus meiner frühesten Jugend ein solcher Fall erinnerlich oder hat ihn mir Prebrow nur erzählt, was auch möglich ist. Um aber auf den Alten zurückzukommen – so, wie ich sagte, dass es mit vielen einst wohlhabenden Bauern gegangen, wenn auch nicht ganz so schlimm, ist es den Prebrows geschehen. Der Großvater von dem Alten auf der Wüstenei besaß noch nicht weniger als vier Höfe zu eigen." (Kap. 22)

Spielhagens Meisterwerk

Aus *Was will das werden?* habe ich oben schon einiges zitiert. Ich kann diesem gewaltigen Werk hier nicht gerecht werden. Etwas hat mich persönlich sehr angesprochen. Ich bin ohne Vater aufgewachsen und habe mich nie für meinen „Erzeuger" interessiert. Nein, ich habe mich schon für ihn interessiert, aber ich würde nie so indiskret sein, meine Mutter zu fragen. – Der Icherzähler in diesem Roman liebt seinen Vater (einen Tischler, der hauptsächlich Särge macht,) umso mehr, als seine Mutter keine Zärtlichkeit für ihn hat. Als er hört, dass es eigentlich sein Stiefvater ist, hat das für ihn keine Bedeutung. Später ist er bei einem Mann zu Gast, der sich außerordentlich um ihn bemüht. Er hört die Geschichten, die in dessen Umgebung umlaufen und *wir* wissen lange vor ihm, dass dieser Mann sein leiblicher Vater ist. Ich sympathisiere mit dem Helden, der so von den Gefühlen zu dem Menschen, der ihn großgezogen hat, erfüllt ist, dass er das Offensichtliche nicht sieht. Er versucht, wie sein *Vater* Tischler zu werden. Dabei ist er ein begnadeter Künstler, Autor eines Thomas Münzer- Dramas! Es gibt noch eine dritte Vaterfigur, einen Offizier, der zum ersten Mal mit dem etwa zehnjährigen Lothar sprach, als er in der Werkstatt von Peter Lorenz einen Sarg für seinen verunglückten Sohn bestellte.
Seine Mutter hatte keinen Kuss für Lothar, und so sind die ersten weiblichen Lippen die ihn berühren die von Jettchen Israel, der Schwester seines Schulfreundes Emil. Er beschützt Emil, der nur im Rechnen gut ist, gegen die adligen Rüpel, deren Väter alle bei Emils

Vater, dem Getreidehändler Isaak Israel Schulden haben. Diese Angriffe nimmt der alte Israel zum Vorwand, seinen Sohn vom Gymnasium zu nehmen und seine Schuldner härter anzugehen! (II, 2) Mit Ausbruch des Krieges kommen die Geschäfte ins Stocken, Isaak Israel kauft die ganze Hafengasse auf (wo auch die Tischlerei stand, in der unser Held aufwuchs), um Speicher zu errichten. Pastor Renner hetzt die Arbeiter auf: Sie sollen dem Juden kein Geld schenken und höheren Lohn verlangen! (VI, 5)

Spielhagens Vermächtnis

Freigeboren ist (wie der Autor im Vorwort schreibt) aus einer geplanten Episode des im selben Jahr (1900) veröffentlichten Romans *Opfer* entstanden.

Opfer ist an Radikalität nicht zu überbieten: Der Held, Wilfried, ein reicher Erbe, ein gebildeter Mann und vollkommener Gentleman – als solcher erscheint er gerade im Kontrast zu den borniertenJunkern und arroganten Offizieren in seinem Umkreis – hält es nicht mehr aus und bricht mit Allem. Er verscherzt sein Erbe, verkauft sein Reitpferd, seine kostbare Wohnungseinrichtung, zieht in ein billiges Zimmer und sucht sich einen Job als Hilfsarbeiter in einem Büro. Mit Wilfried ziehen wir durch Berlin, von feinen Restaurants zu den Mietskasernen, zu einem Armenarzt und einen wegen seines sozialen Engagements von der Kirche entlassenen Pfarrer. (Spielhagen, der sonst Stralsund „Sundin" und Greifswald „Grünwald" nennt, bemüht sich hier ganz genau zu sein.) Statt mit der Droschke fährt Wilfried jetzt mit der Stadtbahn. In einer sozial-demokratischen Versammlung ergreift er das Wort und wird von der Polizei notiert. Man beobachtet ihn im Gespräch mit einem Anarchisten, der kurze Zeit später eine Million Mark stiehlt. – Aber das Arbeiterkind, in das er sich verliebte, will ihn nicht unglücklich machen. Und als sein Bruder, der Fürst, stirbt, muss Wilfried für seine Witwe und ihre Kinder sorgen und sich um die Verwaltung des hoch verschuldeten Besitzes kümmern. Er stirbt bei einem Duell: Man hatte ihn „Salonsozialist" genannt!

Spielhagens „Unterhaltungsliteratur"

Am 27. Juni 1881 schrieb Emilie Fontane ihren Mann: „Gegen Abend fuhr ich zu Bleibtreus (...). Sie erzählten mir, dass im nächsten Mag. f. d. Lit. d. Ausl. ein gepfefferter Artikel des Redakteurs über Splh. erscheinen würde. Übrigens soll der Verfasser von *Angela* auf's äußerste angegriffen, verstimmt und betrübt über das vor Gericht gestellt sein; sonst hat ihm bis jetzt (nach Auerbach) der Roman 8000 Taler eingebracht, 2 bei der Fr. Presse und 6 vom Tageblatt. Die betreffende Stelle soll von einem hier gar nicht gebräuchlichen Laster handeln, daher sie auch von vielen Lesern, namentlich Leserinnen, garnicht verstanden sei." Natürlich wollte ich wissen, von was für einem Laster die Rede ist! Ich bestellte das Buch und recherchierte weiter. In Houbens *Verbotene Literatur* fand ich, dass es sich bei der Affäre um einen Angriff des *Reichsboten*, einem Blatt der christlich-sozialen Partei des Hofpredigers Stöcker, auf das „jüdische" Berliner Tageblatt handelte, in dessen Feuilleton der Roman erschien. Am 22. April beschlagnahmte die Polizei die vom *Reichsboten* bezeichnete Nummer 163, die bereits am 10. erschienen und kaum mehr aufzutreiben war, und die Akten gingen an die Staatsanwaltschaft.

Angela hat so einen Wumms, dass es mich fast von meinem Sitz weggeblasen hätte, als ich das endlich eingetroffene Buch in der S-Bahn las. Der Roman spielt am Genfer See, hauptsächlich in einem mondänen Hotel, die Vorgeschichte erfahren wir in Erzählungen in Dialogen; Angelas Vorgeschichte: „Sie lebt schon lange nicht mehr in Berlin (…); seit sechs oder sieben Jahren nicht mehr, und muss sehr jung gewesen sein, als sie fortging – nebenbei nach England. (…) Nun, er erzählte mir, der Vater sei Artillerie-Offizier gewesen und habe seinen Abschied nehmen müssen, weil er anders eine kleine Sängerin von irgendeinem Vorstadttheater nicht heiraten konnte. Dann ist es den Leutchen schlecht und recht, das heißt mehr schlecht als recht oder auch recht schlecht ergangen. Der Herr Hauptmann a.D. hat eine Fähnrichspresse oder dergleichen eingerichtet; sie hat Musikstunden gegeben; aber sie sind beide immer kränklich gewesen oder haben sich krank gearbeitet. Drei oder vier Kinder, alle talentvoll, aus denen man etwas machen will – man weiß ja, wie das so geht –, *enfin*: sie sind aus der Misere nicht herausgekommen. Und nun muss auch noch Herr von Seeburg sterben, und die ganze Last fällt auf die arme Frau, während die Söhne noch auf der Universität oder Bau-Akademie sind und die einzige Tochter auf dem Konservatorium, glaube ich. Dann stirbt, ein Jahr später, auch die Mutter, Das heroische Mädchen besinnt sich nicht lange. Sie nimmt eine Stelle in England an, eine sehr lukrative, und verteilt ihren ganzen Gehalt jahrelang bei Heller und Pfennig unter ihre drei Brüder – nebenbei: sie, die jüngste von den Geschwistern – die sich denn freilich auch nicht lumpen lassen und jetzt alle fest in ihren Schuhen stehen." (Kap. 9)

Angela von Seeburg liebt den Maler Arnold Moor, doch sie hatte bei ihren Eltern gesehen, dass Liebe nicht reicht. Als Arnold die reiche Nanni heiratete, flüchtete sie nach England, wo sich Edward Gordon in sie verliebte. Dass seine Mutter, Lady Ballycastle gegen die Verbindung war, spielte keine Rolle, Angela erwiderte seine Gefühle nicht. – In dem Hotel in Vevey begegnen sich alle wieder. Arnold hat, eingehüllt in Nannys Reichtum, nichts mehr zustande gebracht. Angela liebt ihn immer noch – doch sie will das Glück von Arnolds und Nannys Kindern nicht zerstören und Edward heiraten, damit Arnold sich nicht mit falschen Hoffnungen quält. Aber nur, wenn Edward arm ist, wenn seine Mutter ihn enterbt, ein langweiliges Leben als reiche Dame könnte sie nicht ertragen. „Glück! rief Angela (…). Wie ich das Wort schon hasse! Der Name für die Spiegelung, nach der die armen Menschen lechzend rennen durch dieses Lebens Wüste! Oder wo wäre es denn, das Glück? In der schönen Kinder glänzenden dunklen Augen – ja! – in den kleinen heißen begehrlichen Herzen schon nicht mehr – ich hab's erfahren, als ich heute Mittag mit ihnen spielte." (Kap. 21) Dann erfährt sie, dass Nanni Arnold betrügt. Und dann stimmt Lady Ballycastle (aufgrund einer Erpressung, auf die ich hier nicht weiter eingehe) Edwards Verbindung mit ihr zu! – Das Nächste hören wir vom Chor der anderen Hotelgäste, die die glänzenden Ausritte von Angela und Nanni bewundern. Diese Verschwendung! Es ist Zeit vergangen, die Abreise von Edward und Angela nach Ballycastle steht bevor… (Hier kommt die Stelle, die zur Beschlagnahmung der Nr. 163 des *Berliner Tageblatts* führte: Nanni will mit ihrem Liebhaber durchbrennen und nutzt die Gelegenheit, dass Angela hereinkommt als sie sich zum Umziehen entkleidet hat, um Angela über ihre Absichten zu täuschen. Sie soll ihr ihre Eifersucht verzeihen! „Sie hatte, sich aufrichtend, Angela beide Arme um den Nacken geworfen und küsste sie auf Haar und Stirn und Lippen mit bacchantischer Wut. Ein sonderbar unheimliches Gefühl, wie sie es noch nie empfunden, überkam Angela. Ihr war, während sie, atemlos unter den wütenden Küssen, die Augen in seltsamer Beklommenheit schloss, als sei es Arnold, der sie in seinen Armen halte. Ein Schauer des Entzückens und Entsetzens zugleich durchrieselte sie – nur einen Moment; dann hatte sie mit einer gewaltsamen Anstrengung Nanni von sich gedrängt und stand zitternd neben dem Sofa, auf welchem Nanni wie eine trunkene Mänade, mit glühenden Wangen und wild klopfendem Busen lag, während das Haar in blonden Kaskaden allüberall von ihr bis auf den Fußboden herabfloss. Das war hässlich, sagte Angela. / Weshalb? rief Nanni, sich lachend aufrichtend und das Haar aus dem Gesicht streichend; ich küsse so gern; Du wirst's auch noch lernen, und Männerküsse, das ist noch ganz was anderes! / Schämen Sie sich! / Gar nicht; Ihr jungen Mädchen solltet uns jungen Frauen doch dankbar sein, wenn wir Euch ein bisschen einweihen. Und gar ihr Mädchen in der Stadt! ich bin auf dem Lande groß geworden und kam doch so dumm in die Ehe, so... / Still!" – Kap. 30) – Auch die Schlussvision (mit der ich bei *Sturmflut* unzufrieden war) schien mir hier gelungen: Das Wetter ist umgeschlagen, die Touristen sind weg, Angela irrt durch eine fremde Stadt...

Nach acht anderen Romanen von Spielhagen las ich nochmal *Zum Zeitvertreib*. Am Ende des Buches verdammt Klara Winter Klotilde, wegen der ihre Kinder jetzt Waisen sind. Gibt es nicht wenigstens mildernde Umstände?
„Du hattest es doch in der Hand, reich und sogar steinreich zu sein. Warum hast Du damals Kurt Platow nicht genommen? Klotilde lachte. Lieber Schatz, wenn Du es durchaus wissen willst: er war so fürchterlich dumm. (...) Und seine Dummheit hätte ich ihm vielleicht noch verziehen; aber seine antediluvianischen Westen und gestriften Beinkleider, die konnte ich ihm nicht verzeihen. Es war wirklich *au fond* eine Kleiderfrage. Und da er durchaus seinen Schneider nicht wechseln wollte, was konnte ich tun, als ihn zu Klarisse Gardewitz schicken, die in diesen Dingen vielleicht weniger diffizil war?" (Kap. 18) „Wenn man mit neunzehn Jahren heiratet aus Ärger, dass einem die einzig wünschenswerte Partie entgangen ist, man sie sich in seiner Dummheit hat entgehen lassen – mein Gott, der Ärger macht blind! Und so ganz vorbeigegriffen hatte sie in ihrer Blindheit doch auch nicht. Viktor war nicht schlechter und nicht besser, als die übrigen. Eher noch ein bisschen besser. Jedenfalls hatte er sich die Hörner vorher abgelaufen – was man nicht von allen sagen konnte – und wenn er ein wütender Aktentiger und rücksichtsloser Streber war, so trug das zu seiner Unterhaltsamkeit nicht gerade bei, aber es waren doch die rechten Eigenschaften für den Sohn eines armen Generals a.D., welcher die Tochter eines Gutsbesitzers geheiratet hatte, der beständig erklärte, nicht zu wissen, wie er sich, Frau und sechs Kinder weiter so durch die Welt bringen sollte." (11)
Klotilde hatte sich nicht für Geld verkauft und doch keine Liebe gefunden, bis sie in der Pferdebahn zwischen Leipziger Straße und Lützowplatz Albrecht Winter sah und sich auf dem ersten Blick in ihn verliebte. Als sie ihn in einer Gesellschaft wieder traf (man hatte

ihn als Klassenlehrer des schwierigen Sohnes geladen, die Gastgeber entschuldigten sich, dass sie ihr so einen Tischherrn zumuteten,) erzählte er: „Ich bin in der Wahl meines Geburtsortes weniger vorsichtig gewesen (…). Es ist ein armseliges, hoch oben zwischen kahlen Bergen eingeklemmtes Dorf. Meine Eltern waren blutarme Bergleute. Der Vater wurde, als ich sechs Jahre zählte, in einem zusammenstürzenden Schacht verschüttet; meine Mutter starb ein Jahr darauf. Die Gemeinde, der ich zur Last gefallen war, machte mich zu ihrem Gänsejungen, von dem ich zum Schafhirten avancierte; und ich hätte es sicher bei meiner entschiedenen Veranlagung zu dem Beruf noch zum Kuhhirten gebracht, nur dass sich der alte, kinderlose Pastor unseres Dorfes meiner annahm. Er hatte in der Konfirmationsstunde Wohlgefallen an mir gefunden; glaubte ein zukünftiges Kirchenlicht entdeckt zu haben; ließ mich studieren, adoptierte mich später sogar und vermachte mir, als er starb, sein bisschen Hab und Gut. Nun, ich Undankbarer habe die Hoffnungen des guten Mannes nicht erfüllt; es nicht einmal über den Schafhirten hinausgebracht, als der sich so ein armseliger Schulmeister, wenn die Jungen einmal wieder durchaus nichts begreifen können, oft genug vorkommt." (4)

Klotilde ist kein Kind, das man mit einem Papierchinesen ängstigen kann. Sie hat keine Illusionen. Dagegen träumt Albrecht Winter, dass seine Stücke am königlichen Theater aufgeführt werden! Albrecht ist ein Romantiker, ich habe lesend seine Besessenheit von Klotilde und seine brennenden Schuldgefühle gegen Klara geteilt. Am Ende will er nur noch schlafen…

Vor den Maulbeerbäumen

Jetzt, im Juni, sehe ich auf der Bölschestrasse überraschend viele heruntergefallene und zertretene Maulbeeren. Vor zwei Wochen haben wir von den untersten Zweigen Maulbeeren gepflückt und gekostet.

Bevor die Brüder Hart in Friedrichshagen unter Maulbeerbäumen spazierten, lebten sie in der Berliner Luisenstraße, in einem Haus unmittelbar über der Stadtbahn, und trafen sich mit ihren Freunden in dem literarischen Verein „Durch" im verräucherten Hinterzimmer einer Kneipe in der Gertraudenstraße mit dem schönen Namen „Zum Feinschmecker", wie Wilhelm Bölsche in *Vor der Weltstadt* erinnert. Dort schrieben sie die *Kritischen Waffengänge*, in dessen sechsten und letzten Teil sie 1884 Friedrich Spielhagen behandelten.

Spielhagens Ideale waren für die Harts eine störende „'Tendenz".
Ein Roman sollte nur die Wirklichkeit geben! So besorgten sie das
Geschäft der herrschenden Kaste, indem sie einen vielgelesenen
demokratischen Autor verdammten. „Man gerät heute in den
Verdacht unheilbaren Banausentums, wenn man überhaupt von
dem Dichter Spielhagen spricht. Die modischen Literatur-
geschichten sind sich darin einig, ihn in ihren Katakomben als einen
Leichnam beizusetzen, den es kaum noch zu sezieren lohnt;
hingerichtet hat ihn ihrer Meinung nach schon Herr Julius Hart im
Jahre 1884", schrieb Franz Mehring 1909 in dem schon zitierten
Artikel.

Fontane: Das süße Zeug

Mit Daniel machte ich manchmal eine Radtour. Daniel las auf Kirchhöfen die Inschriften auf alten Grabsteinen. Er fand alte, jetzt von Rauputz bedeckte Herrenhäuser, und stellte sich vor, dass vielleicht dort noch ein greises Schlossfräulein lebte, und was die für Geschichten erzählen könnte! Daniel lehnte es ab, Thomas Mann oder Kleist zu lesen. Er liebte Hesse, Theodor Storm, den er „Stormi" nannte, und wollte lieber mit den Helden aus *Vor dem Sturm* gemächlich von einem Schloss zum anderen kutschieren. – Ich kaufte die acht Bände Fontane, weil es die ersten beiden, mit *Vor dem Sturm*, nicht einzeln gab! (Daniels Weltflucht war verständlich. Er stand damals als angehender Lehrer mächtig unter Druck. Ich konnte auch wegen Fontane nicht zu Ende studieren. In einer Vorlesung hatte ich *Das Trauerspiel von Afghanistan* zitiert. Kurze Zeit später wurde mir eine zweite Nachprüfung verweigert. Irgendein Held bei Reclam Leipzig hatte, als sowjetische Soldaten in Afghanistan gegen die damals vom Westen unterstützen Taliban kämpften, für eine Mark der DDR – oder waren es 1,50? – einen ganz dünnen Band mit Fontanes Balladen herausgebracht, augenscheinlich nur um dieses Gedicht zu verbreiten.)

In den 1890er Jahren saßen die Junker fest im Sattel. Für die Schwindeleien und Betrügereien, mit denen sie sich ihre Macht erhalten hatten, war einzig und allein der weggejagte Bismarck verantwortlich, und an der Not der Arbeiter und Kleinbürger waren die Kapitalisten und die Juden schuld! Fontane, 1848 selbst Revolutionär, hatte sich bald darauf kaufen lassen, in Balladen und drei dicken Kriegsbüchern preußische Siege besungen und in seinen Wanderungen liebevoll Adelssitze gezeichnet. In seinen Romanen tritt der Hass auf das neureiche Bürgertum dazu (Jenny Treibel) und am Ende triumphiert die herbrachte Moral (Quitt, Stine). Von seinen drei „Huren" darf nur Lene überleben. Seine Kritik am Kaiserreich gipfelt darin, dass der alte *Stechlin* zweifelt, dass das alte preußische Schwarz-Weiß noch hält, wenn man einen roten Streifen annäht. – Ich will gar nicht mehr über Fontane schreiben. Auch ich habe seine Bücher immer als Unterhaltung gelesen, als Flucht in eine schöne Welt, die es so nie gab.

Klemperers Spielhagen

Neben Fontane war Klemperer meine liebste Unterhaltungslektüre. Ja, auch die Tagebücher aus der schlimmsten Zeit der Verfolgung habe ich mit Lust gelesen. Wenn Klemperer und seine Frau im Judenhaus inmitten der Not eine Tasse kostbaren Bohnenkaffee hatten, schmeckte mir mein Kaffee auch besser. (Ich trinke früh zu Hause eilig eine Tasse. Im Büro bin ich stets als erster und koche dann die erste Kanne. Dabei muss ich oft Kaffee wegschütten, der am Vortag noch nachmittags gemacht wurde und den dann keiner mehr trank, manchmal eine volle Kanne. Der in der Thermoskanne lauwarm gebliebene Kaffee riecht unangenehm, wenn er im Ausguss verschwindet. – Es ist viel, wenn der Kaffee wieder schmeckt. Schon das Wort „Bohnenkaffee" macht glücklich.)

Als die Nazis am 6. Dezember 1938 Juden die Benutzung öffentlicher Bibliotheken verboten, begann Klemperer seine Autobiographie. Auf Seite 17 schreibt er darin über seinen Vater: „Er war liberal im Sinne des damals meist gelesenen Romanschriftstellers Friedrich Spielhagen, das heißt, indem er sich zum fortschrittlichen Bürgertum dem, wie man damals sagte, Junkertum gegenüber bekannte, ohne sich über die harten, allzu materialistischen Probleme des Sozialpolitischen und Nationalökonomischen den Kopf zu zerbrechen." „Es gab damals zwei Bücher, die mir als höchste Vorbilder galten. Das eine war Hermann Hettners Literaturgeschichte des achtzehnten Jahrhunderts (…), das andere Spielhagens Lassalleroman *In Reih und Glied*. In sonst allem gänzlich voneinander verschieden, sahen sie sich doch in einem Punkte gleich: Sie waren nicht monographisch, es ging bei ihnen um mehr als Einzelschicksale, sie umfassten das Ganze einer Zeit." (Curriculum Vitae, I 432)

1908, als Klemperer noch Journalist war, wollte er ein Buch über Spielhagen schreiben, lernte den greisen Schriftsteller in seiner Wohnung in der Berliner Kantstraße kennen und bekam von ihm über seien Verleger Staackmann eine Kiste mit den sechsunddreißig Bänden seiner Werke. Aber Staackmann hatte schon mit einem anderen Autor, Hans Henning, einen Vertrag über ein Spielhagenbuch. Als Klemperer 1912 sein 1905 unterbrochenes Studium wieder aufnahm, konnte er über Spielhagen seine Doktorarbeit schreiben, „ließ alle Sorgen um Fußnoten und akademisches Aussehen beiseite und diktierte so frisch in die Maschine als handle sich es um einen Aufsatz für die Frankfurter Zeitung. In knappen acht Wochen war das Buch fertig." (II 35) – Ich hätte daran denken sollen, bevor ich *Die Zeitromane Friedrich Spielhagens und ihre Wurzeln* für viel Geld bei einem Versandantiquariat bestellte. Schon Henning verzichtete auf den Versuch, Spielhagen gegen das Verdammungsurteil der Gebrüder Hart zu verteidigen, und Klemperer gibt ihn vollends auf. Eine Stelle möchte ich dennoch zitieren: Über *Opfer* heißt es (Achtung, es folgt ein irre langer Satz): „Aber wenn nun das edle Mädchen selber unter Mitnahme ihrer Angehörigen weit und endgültig von ihm fortgeht, wozu wieder der Zufall, diesmal in Gestalt eines auftauchenden amerikanischen Verwandten, behilflich sein muss, wenn dem Verlassenen und doch auch Befreiten die unerschöpfliche Börse einer beleidigten und wieder versöhnten Tante sich aufs neue öffnet, wenn ihm die größten privaten Pflichten aus dem Tode des fürstlichen Bruders erwachsen, der die in der ursprünglichen Wortbedeutung liebenswürdigste Familie hinterlässt, wenn zu dieser Familie ein kindliches Mädchen gehört, das an Wilfried hängt, und zu dem er sich selber hingezogen fühlt, wenn er sich sagen kann und doch auch muss, dass er neben der privaten bedeutenden Lebensaufgabe auch die Möglichkeit erhalten hat, durch seine Mittel und seine gesellschaftliche Stellung der Armut und Unbildung entgegenzuwirken, die ihn das unmittelbare Verweilen unter dem Volke zur Qual machen – so ist es doch eine Selbstverständlichkeit, dass für den Grafen die traurige Episode eben Episode bleiben muss, und dass sein Leben sich bedeutender zu entwickeln hat. Ließ Spielhagen seine Dichtung derart ausklingen, fand er etwa die leise wehmütigen Töne von Fontanes *Irrungen, Wirrungen*, dann wäre sein Roman, so wie er einmal angelegt war, gewiss keine umfassende Zeitdichtung geworden, aber hätte doch ein Stück Wirklichkeit enthalten. Es reizte Spielhagen aber, das Unglück seines Helden als ein tragischeres und umfassenderes darzustellen (…)." (166)

Die Nennung Fontanes überrascht, der erste Hinweis auf eine Fontanelektüre in Klemperers Tagebüchern ist aus dem Jahre 1932. (Er las *Vor dem Sturm*.) Wahrscheinlich hat er den Vergleich aus den Vorlesungen, die er um 1904 in Berlin bei Richard M. Meyer hörte. — In Klemperers im Krankenhaus entstandenen letzten Tagebucheinträgen heißt es „Heute das Glück der Fontane-Lektüre *Vor dem Sturm*. Nachdem ich *L'Adultera* mir nun abgequält habe und an *Jenny Treibel* gescheitert bin." (26.10.1959) „Stockende und doch sehr erfreuliche Lektüre in *Vor dem Sturm*. Nachts angst und zerhackter Schlaf nach wie vor." (29.10.) Das süße Zeug…

Juden bei Spielhagen und Fontane

Im letzten Buch des Romans *Was will das werden?* residiert Emil Israel, jetzt Teilhaber des Bankhauses „Israel, Lobinsky & Ko." in einem Neorenaissancepalais in einer vornehmen Berliner Straße. (In einen Winkel des Hauses führen Jettchen und ihre Mutter zwischen alten Möbeln aus der Hafengasse ein zurückgezogenes Leben.) Bei einem Fest in den Empfangsräumen des Bankhauses trifft Lothar Lorenz seinen alten Gymnasialprofessor Hunnius, der jetzt liberaler Abgeordneter ist.

„Ja, ja, mein Lieber, das ist ein esoterisches Geheimnis des Liberalismus, welches die Spatzen von den Dächern pfeifen: der enorme Schaden nämlich, welcher dem Liberalismus dadurch erwachsen ist, dass er sich das ganze Judentum an die Schleppe hat hängen lassen, respektive selbst gehängt hat, und nun genötigt ist, die schwere Last des Hasses mit sich zu ziehen, welche mit Recht und Unrecht auf die Juden gehäuft ist. Ich kann hier mitsprechen, denn ich habe es mir Zeit meines Lebens, und schon lange vor 48, sauer werden lassen mit der »Emanzipation der Juden«. Dass Gott erbarm! Sehen Sie hier um sich her die herrlichen Früchte, welche diese Emanzipation gebracht hat: diesen unermesslichen Reichtum, diesen unsinnigen Luxus! diese Menschen, die zum kleineren Teil mit wenigstens äußerlich ehrbarer, zum größeren mit ganz offen schamloser Miene dem Gewinn nachjagen; jeden Skrupel, der ihnen dabei aufsteigen könnte, für eine Narretei, und jeden, der nicht tut, wie sie, für einen unheilbaren Dummkopf halten! Die von der wahren Liebe zur Freiheit so frei sind, wie von jeder anderen idealen Regung; die diese Liebe nur affichieren, weil es der bequeme Deckmantel ist, unter welchem sie ihrem Gewerbe: der schonungslosen Ausbeutung ihrer Mitmenschen nachgehen können; und den sie auch, sobald er seinen Dienst getan hat oder seinen Dienst versagt, ungescheut fallen lassen. Wen die Götter verderben wollen, dem verwirren sie zuvor den Verstand; als sie den Liberalismus verderben wollten, halsten sie ihm das Judentum auf. / Ich war starr, den Professor so sprechen zu hören, und verhehlte ihm meine Verwunderung nicht. Es gebe doch auch viele aufrichtig liberale Juden, und die den liberalen Ideen mit Eifer und Nutzen dienten. Und wie es denn komme, dass er in seiner Zeitung, die ich seit einiger Zeit eifrig lese, diese seine Gedanken niemals zum Ausdruck bringe? / Er schob die widerspenstige Brille hinauf und rief: Ich sagte Ihnen ja: die Spatzen pfeifen es von den Dächern, aber aussprechen darf man es nicht; dürfen wir Liberalen wenigstens nicht, ohne in Widerspruch mit uns selbst zu geraten, wenn auch nur in einen scheinbaren. Denn wir haben nur das reine Wasser des Judentums, um mich so auszudrücken, in den Strom der modernen europäischen Kultur hinüberleiten wollen, nicht das unreine, den Schmutz und Schlamm, der nun aufgewühlt ist und unsre Kultur befleckt. Und das ist wesentlich die Schuld der aufrichtig liberalen Juden, von denen Sie sprechen, und derer es ja zweifellos eine ganze Anzahl gibt, indem sie sich nicht energisch genug lossagen von der gräulichen Gefolgschaft, die hinter ihnen her drängt." (IX, 3) – „Ich war starr, den Professor so sprechen zu hören." Spielhagen distanziert sich hier von einem „Liberalismus", der sich selbst aufgab. Im selben Buch schildert Spielhagen, wie ein Arbeiter sich von den Antisemiten einfangen lässt: „Mein Mitgeselle Konrad Trütschler (…) war auch sonst in übler Laune. Warum ich nicht, wie ich versprochen, gestern Abend nach der Versammlung auf ihn gewartet habe? Nun sei er meinetwegen in das Gedränge vor dem Lokal geraten, und ein Schutzmann habe ihn notiert, trotzdem er ›keinen Ton gesagt.‹ Überhaupt die Versammlung! In der einer gegen die Strikes und ein anderer für die Armee sprechen dürfe! Es sei ein Skandal, den er im ›Volksstaat‹ oder im ›Neuen Sozial-demokrat‹ denunzieren werde. Ob ich schon einmal bei den Christlich-Sozialen gewesen sei? da sei es eigentlich viel hübscher, und als Redner müsse er denn doch den Prediger Renner viel höher taxieren als den hochnäsigen Herrn ›von‹ Werin. Die Art kenne er! Junker bleibe Junker und damit basta. Wenn er einmal ans Regiment komme, den Herrn ›von‹ Werin ließe er zuerst baumeln. (VII, 6) „Eine Stunde später [lief] unser Mitgeselle Knall und Fall von der Arbeit. Dieser Brave hatte binnen vierundzwanzig Stunden die Umwandlung von einem wütenden Sozialdemokraten in einen fanatischen Christlich-Sozialen vollständig durchgemacht. Er war gestern Abend in der Versammlung beim Pastor Renner gewesen; Pastor Renner hatte ihm die Augen geöffnet: Friede auf Erden und den Menschen ein Wohlgefallen; Innungszwang und keine Steuern mehr für die unteren Klassen, das sei von jetzt sein Programm, und der Teufel solle ihn holen, wenn er je wieder bei einem sozial-demokratischen Meister einen Hobel anrühre." (VII, 9)

Und Fontane?

Am 30. August 1895 schrieb er seiner Tochter aus Karlsbad: „Das beständige Vor-Augen-Haben von Massenjudenschaft aus allen Weltgegenden kann einen natürlich mit dieser schrecklichen Sippe nicht versöhnen, aber inmitten seiner Antipathien kommt man doch immer wieder ins Schwanken, weil sie – auch die, die einem durchaus missfallen – doch immer noch Kulturträger sind und inmitten all ihrer Schäbigkeiten und Geschmacklosigkeiten Träger geistiger Interessen. Wenn auch nur auf Ihre Art. Sie kümmern sich um alles, nehmen an allem teil, erwägen alles, berechnen alles, sind voll Leben und bringen dadurch Leben in die Bude. Wie stumpf, wie arm, auch geistig arm, wirkt daneben der Durchschnittschrist! Und sucht man sich nun gar die guten Nummern heraus und lernt man Damen kennen, wie die oben zitieren, die nichts sind als guter Judendurchschnitt und doch *unserem* Durchschnitt gegenüber eine gesellschaftliche Überlegenheit zeigen. Das Schlussgefühl ist immer, dass man Gott schließlich doch danken muss, dem Berliner Judentum in die Hände gefallen zu sein."

Aber, da wir von Spielhagen keine Briefe haben, beschränken wir uns auch bei Fontane auf sein für die Öffentlichkeit bestimmtes Werk.

In den ersten Plänen zu *Vor den Sturm* stellte der Sohn eines von marodierenden Deserteuren erschlagenen Juden die Verbindung in das besetzte Frankfurt Oder her, im fertigen Roman übernahm Hoppenmarieken diese Rolle. (Bei Spielhagen weiß Samuel Hirsch als erster von der Vernichtung der Grande Armée. „Unsere [Briefe] gehen nicht mit der Post, aber sie kommen uns sicher zu Händen. *Noblesse oblige*, I, 5) – Aus dem Ehemann in *L'Adultera*, der von seiner Frau verlassen wird, hat Fontane einen Juden gemacht, um das reale Vorbild zu verschleiern; vielleicht schienen ihm auch Rücksichtslosigkeit und unfeines Betragen bei einem Juden besser zu passen als bei dem Hugenotten Ravené. In *Unwiederbringlich* dient die ferne jüdische Abstammung der Ebba von Rosenberg ihrer Zeichnung als Femme fatale. In den *Poggenpuhls* geht es darum, welche reiche Jüdin Leo heiraten soll: die schwarze Esther Blumenthal aus Thorn oder die blonde Flora Bartenstein aus Berlin. Am Ende erlöst sie der Tod des Onkels aus der größten Not, aber die Freundschaft mit Flora will Manon von Poggenpuhl trotzdem nicht aufgeben. *Mathilde Möhring* macht was aus dem schwachen Untermieter ihrer Mutter: nach ihrer Verlobung paukt sie mit ihm für sein Examen, sucht ihm eine Stelle als Bürgermeister einer Stadt im Osten, die Fahrt dahin ist zugleich ihre Hochzeitsreise, und in den Begegnungen mit den Angehörigen der dort sehr prominenten „dritten Konfession" schwingt sich sie sich zu Äußerungen auf, die Lessings Ringparabel parodieren. Das ist nicht zu übertreffen. Ihr Mann stirbt, sie kehrt nach Berlin zurück und wird Lehrerin. Und schließlich noch der alte Geldverleiher Baruch Hirschfeld, dessen Freundschaft zum *Stechlin* zerbricht, weil sein Sohn Isidor auf Gewinn dringt.

Spielhagen und Fontane. Eine Zwischenbilanz

Jetzt ist der Juli fast vorbei, ich muß mich von Spielhagen losreißen und andere Projekte abschließen. Zeit für ein vorläufiges Fazit:

„Wenn es Ihnen eine besondere Freude gemacht hat, das Kind des ›starken Mannes‹ nicht als 18 Jahr lang unerkannte Baronin abschließen zu sehen, so hat es mir eine riesige Freude gemacht, dass Sie meine Absicht hier ganz und gar erraten haben. Die Natur adelt; alles andere ist Unsinn, und eine der mir degoutantesten Erscheinungen ist es immer gewesen, gerade in den Romanen liberaler und allerliberalster Schriftsteller, den Hauslehrer oder die Gouvernante, wenn sie heldisch-siegreich auftreten, sich immer als Graf oder Gräfin entpuppen zu sehen. Wenn auch nur von der Bank gefallen" schrieb am 22. November 1878 Fontane an Ludwig Pietsch. Das ist eine Spitze gegen Spielhagen. Fontane war stolz darauf, dass in seinem Roman über die Befreiungskriege der adlige Held die Pflegetochter des Schulzen Kniehase heiratet, was der krummbeinige Husarengeneral Bamme als Errungenschaft der Französischen Revolution feiert! (IV, 27) Mein Liebling war immer die Polin Kathinka, deren Vater nicht Preuße sein kann, weil sich „Deutschland" erhebt, dennoch hat mir dieser Märchenschluss gefallen. – Auch Spielhagen schrieb einen „Roman aus dem Winter 1812 auf 13" (wie *Vor dem Sturm* im Untertitel heißt).

Noblesse oblige (1888) spielt in Hamburg und zeigt geizige Pfeffersäcke patriotische *und soziale* Ideale verraten. Das ist nicht schön.

(In einer Szene sieht man Ernst von Phuel, Kleist' Jugendfreund und während der Revolution von 1848 für kurze Zeit preußischer Ministerpräsident. Ludwig Pietsch traf den Siebenundsiebzigjährigen 1857 bei Lassalle. Will der Autor uns Begriffsstutzige mit der Nase auf etwas stoßen? Nein, er bleibt nur streng bei den Tatsachen; Pfuel war 1813 als russischer Offizier in Hamburg.)

Die Franzosen kamen wieder zurück und kapitulierten in Hamburg erst zwei Monate nach Paris. Spielhagen zeigt die ganzen Schrecken des Krieges: Ganze Viertel werden für Befestigungen abgebrochen, in der belagerten Stadt wütet der Typhus. Sämtliche Freunde Minnas sterben: Dr. Boutin, der treue Hirsch... – Fontane schreibt im letzten Kapitel: „Lewin ist zurück. Der Säbelhieb über die Stirn kleidet ihn gut."

Bei den Tatsachen zu bleiben – und dennoch Ideale zu haben, ist ein gewaltiger Spagat. Spielhagen meistert ihn mit seiner großen künstlerischen Gestaltungskraft. Aber eine angenehme Lektüre kommt dabei nicht raus. Wenn es darum geht, Menschen für das Lesen zu begeistern, würde ich nicht Spielhagen empfehlen. Aber wer wissen will, wie es zu Auschwitz kommen konnte, der kann aus seinen Büchern – und daraus, dass er vergessen wurde –, lernen.